LE TRÉSOR DE L'ENFANCE

NOUVEAU COURS D'ENSEIGNEMENT ÉLÉMENTAIRE

PAR H. HURÉ ET J. BRARE

LE PREMIER LIVRE

PREMIÈRE PARTIE.

MÉTHODE ANALYTIQUE ET COMPARATIVE
pour l'enseignement
DE

LA LECTURE PAR L'ÉCRITURE

ET RÉCIPROQUEMENT
Avec quelques notions des plus élémentaires du Calcul

PAR J. BRARE
Ancien chef d'institution.

« Laissez venir à moi les petits enfants. »

PARIS
LIBRAIRIE DE L'ENFANCE ET DE L'ADOLESCENCE
J. BRARE ET Cie, ÉDITEURS
7, RUE DE LA HARPE, PRÈS LA PLACE SAINT-MICHEL.

AVIS IMPORTANT.

En tête des exercices préparatoires et de chaque leçon, nous désignons les numéros des cahiers de notre Méthode d'Écriture dont les exercices sont en concordance avec la leçon de lecture. (1)

Nous conseillons de passer très-brièvement sur les exercices préparatoires, que nous n'avons mis ici que pour les personnes qui ne les jugeraient pas inutiles, et pour en faire concorder l'étude avec les exercices de notre premier Cahier d'écriture. Il faut, en effet, que l'élève se soit bien exercé à reproduire les bâtons et les éléments des lettres droites de ce cahier, avant d'aborder la première leçon de son petit livre, page 8. C'est à cette première leçon que commence en réalité notre méthode.

On fera très-bien, dès l'étude des exercices préparatoires, d'apprendre oralement aux enfants et de leur faire réciter à haute voix l'*alphabet* (voyelles et consonnes mêlées, pour leur faciliter plus tard la recherche des mots au dictionnaire), la *table de multiplication*, quelques petites additions, quelques petites soustractions, afin de bien varier leur petit travail qui, au lieu de les rebuter, leur deviendra ainsi intéressant.

En tête et au bas de la plupart des leçons, se trouvent des notes et des renvois qui s'adressent aux moniteurs pour leur servir de guides auprès des élèves que le maître confie à leur direction. Ces notes ont pris quelquefois la place des *exercices de calcul;* on y suppléera à l'aide de ceux qui précèdent, comme dans les pages qui, privées de modèles de copie, ne portent aucun chiffre.

(1) Voir, à la fin du volume, la note relative à ces CAHIERS D'ÉCRITURE.

LE PREMIER LIVRE

PREMIÈRE PARTIE

LA LECTURE PAR L'ÉCRITURE

EXERCICES PRÉPARATOIRES

Sur lesquels il faut passer très-brièvement

(CAHIER 1. — *Bâtons.*)

1er EXERCICE : **Voyelles**

a e i o u y

2e EXERCICE : **Consonnes**

b c d f g h j

k l m n p q r

s t v w x z

5e EXERCICE : **Différentes sortes d'E** (1)

e é è ê

(1) En indiquant les sons différents de la voyelle *e* et les noms des accents, faire observer que l'accent circonflexe (^) fait poser plus longtemps sur les voyelles *a*, *e*, *i*, *o*, *u*, lorsqu'elles en sont affectées.

EXERCICES PRÉPARATOIRES

(Voir l'avis, page 4.)

VOYELLES ET CONSONNES

En trois formes de caractères

(CAHIER 1. — *Bâtons.*)

4e EXERCICE

i u m n r v

(1) *i u m n r v*

I U M N R V

5e EXERCICE

a e o c s x

(1) *a e o c s x*

A E O C S X

(1) Ces lignes ne sont pas données ici comme modèles de copie, mais pour faire ressortir à l'œil de l'enfant, par la comparaison, l'analogie de la plupart des caractères dans les trois formes et dans les chiffres, et les lui faire mieux retenir.

L'élève, nous le répétons, *avant d'aborder la première leçon*, page 8, ne doit copier que les exercices de son *premier cahier d'Écriture*.

EXERCICES PRÉPARATOIRES

(Voir l'avis, page 4.)

VOYELLES ET CONSONNES

En trois formes de caractères

(CAHIER 1. — *Bâtons.*)

6e EXERCICE

t d b h k l f

t d b h k l f

T D B H K L F

7e EXERCICE

g j p q y z

g j p q y z

G J P Q Y Z

8e EXERCICE : **Chiffres comparés**

1 2 3 4 5 6 7 8 9 0

1 2 3 4 5 6 7 8 9 0

1re LEÇON : PRINCIPES

(CAHIER 2. — *Rondeurs.*)

Faire lire d'abord les cinq voyelles, puis, celles-ci bien connues, les quatre consonnes, etc.; enfin, les syllabes, d'abord de gauche à droite, en les composant analytiquement, ensuite de haut en bas.

a e i o u

m-ma me mi mo mu

n -na ne ni no nu

r -ra re ri ro ru

v -va ve vi vo vu

a e i o u

m - ma me mi mo mu

n - na ne ni no nu

r - ra re ri ro ru

v - va ve vi vo vu

2e LEÇON : APPLICATION (1)

(CAHIER 2. — *Rondeurs.*)

Faire lire de gauche à droite, puis de haut en bas. Rappeler le rôle de l'accen circonflexe.

â ne, â me, a mi, ma ri,
u ne, u ni, mu ni, ra vi,
une ri ve, une ra me,
une ma re, une vi ve,
une ra ve, une mû re.

1. *âne, âme, ami, mari,*

2. *une, uni, muni, ravi,*

3. *une rive, une rame,*

4. *une mare, une vive,*

5. *une rave, une mûre.*

CALCUL. — 1er EXERCICE Quelle *somme* obtenez-vous en *additionnant* les trois premiers nombres? — 2e EXERCICE : *Otez*-en le quatrième, que *reste*-t-il?

(1) Avant chaque leçon d'application, revenir avec soin sur celle de principes.

3e LEÇON : PRINCIPES

(CAHIER 2. — *Rondeurs.*)

Faire bien remarquer les équivalences de sons. — Observer que *e*, devant *a* ou suivant une voyelle, ne se prononce pas; que *s*, *x*, à la fin des mots, ne se prononcent ordinairement pas non plus. — Nous les présentons d'ailleurs, pour fixer l'attention, en caractères italiques.

une	un	i*e*	u*e*	é*e*
e	è	ô	oa	ou
eu	ê	au	oi	ou*e*
œu	ai	*e*au	oi*e*	ou*s*
eu*x*	ei	au*x*	oi*x*	ou*x*

ai eu oi au ou

m (1)	-mai	meu	moi	mau	mou
n	-nai	neu	noi	nau	nou
r	-rai	reu	roi	rau	rou
v	-vai	veu	voi	vau	vou

(1) Bien observer le système analytique indiqué à la leçon 1.

4e LEÇON : APPLICATION (1)

(CAHIER 2. — *Rondeurs.*)

ma mè re, un mai re,
un rê ve, une rei ne,
un ne veu, un vœu.
un ra meau nou eux.
un nou veau na vi re.

6. *ma mère, un maire,*

7. *un rêve, une reine.*

8. *un neveu, un vœu,*

9. *un rameau noueux.*

10. *un nouveau navire.*

CALCUL. — 1er EXERCICE : *Additionnez* les deux premiers nombres, quelle *somme* obtenez-vous? — 2e EXERCICE : *Otez*-en le troisième, que *reste*-t-il.

(1) Avant *chaque* leçon d'application, revenir sur celle de principes.

5° LEÇON : APPLICATION

(CAHIER 2. — *Rondeurs.*)

Ma rie a vu une oi*e* ra re, une rai*e* noi re, un vieu*x* moi n*e*au, un v*e*au rou*x*, une noi*x* mû re, une rou*e* neuve.

11. *marie a vu une oie*

12. *rare, une raie noire,*

13. *un vieux moineau, un*

14. *veau roux, une noix*

15. *mûre, une roue neuve.*

CALCUL. — 1er EXERCICE : Quelle *somme* donnerait l'*addition* des trois premiers nombres? — 2e EXERCICE : Que *resterait*-il, en ôtant le quatrième?

6e LEÇON : APPLICATION

(CAHIER 2. — *Rondeurs.*)

Un mé moi re au roi.

Une neu vai ne à Ma rie.

Une rai nu re neu ve.

Une veu ve ru i née.

Un ne veu au mai re.

16. *un mémoire au roi.*

17. *une neuvaine à marie.*

18. *une rainure neuve.*

19. *une veuve ruinée.*

20. *un neveu au maire.*

CALCUL. — 1er EXERCICE : *Additionnez* les deux premiers nombres, quel *total* obtenez-vous? — 2e EXERCICE : *Otez*-en le troisième, quelle *différence* avez-vous?

7° LEÇON : PRINCIPES (CAHIER 5. — *Jambages.*)

a	e	i	o	u
b[1]-ba	be	bi	bo	bu
l-la	le	li	lo	lu
d-da	de	di	do	du
t-ta	te	ti	to	tu
p-pa	pe	pi	po	pu
ai	eu	oi	au	ou
b-bai	beu	boi	bau	bou
l-lai	leu	loi	lau	lou
d-dai	deu	doi	dau	dou
t-tai	teu	toi	tau	tou
p-pai	peu	poi	pau	pou

(1) Bien observer le système analytique indiqué aux leçons 1 et 3.

8e LEÇON : APPLICATION

Avant *chaque* leçon d'application, revenir sur celle de principes.

(CAHIER 3. — *Jambages.*)

**Mè re a eu[1] dî né à mi-
di; pè re a dî né à u-
ne [2]*h*eu re; Bi bi a eu
de la pa na de à mè re
et[3] deu*x* poi res à pè re.**

16. *mère a dîne à mi-*

17. *di; père a dîné à u-*

18. *ne heure; bibi a eu*

19. *de la panade à mère*

20. *et deux poires à père.*

(1) *Eu* se prononce quelque fois *u*. — (2) *H* est ordinairement nul. L'usage fera distinguer *h* muet de *h* aspiré. — (3) *Et* se prononce comme *è*, le rappeler à l'enfant, chaque fois que l'occasion s'en présentera

9e LEÇON : APPLICATION

(CAHIER 3. — *Jambages.*)

Bi bi a é té un peu tê tu, à mi di ; mè re a eu de la pei ne et l'a pu ni ; Bi bi a dû boi re de l'eau au dî ner.

21. *bibi a été un peu*
22. *têtu, à midi; mère a*
23. *eu de la peine et l'a*
24. *puni; bibi a dû boire*
25. *de l'eau au dîner.*

CALCUL. — 1er EXERCICE : Quel *total* donne l'*addition* des trois premiers nombres? — 2e EXERCICE : Si l'on en *soustrait* le *total* obtenu par l'*addition* des deux derniers, que *reste*-t-il?

10e LEÇON : APPLICATION

(CAHIER 3. — *Jambages.*)

Pau li ne ai me la ro be de ma pou pée ; mais Réné ai me ra mi eux la voi tu re neu ve du beau da da d'A na to le.

26. *pauline aime la robe*

27. *de ma poupée; mais*

28. *réné aimera mieux*

29. *la voiture neuve du*

30. *beau dada d'anatole.*

CALCUL. — 1er EXERCICE : *Additionnez* les trois premiers nombres, qu'avez-vous? — 2e EXERCICE : *Otez*-en la *somme* des deux derniers, que *reste-t-il?*

11e LEÇON : APPLICATION

(CAHIER 5. — *Jambages.*)

Le ne veu d'É loi a une pe ti te pou le do rée; Lé o nie l'a vou lue, au li eu de la pou le noi re d'É loi; Lé o nie l'a eue.

31. *le neveu d'éloi a*

32. *une petite poule dorée;*

33. *léonie l'a voulue, au*

34. *lieu de la poule noire*

35. *d'éloi; léonie l'a eue.*

CALCUL. — 1er EXERCICE : *Additionnez* les trois prem[illegible] nombres, qu'avez-vous ? — 2e EXERCICE : *Otez*-en la *somme* [illegible] deux derniers, que *reste*-t-il?

12e LEÇON : APPLICATION

(CAHIER 5. — *Jambages.*)

Ho no ré, le ne veu de la meu niè re, à la ro be de lai ne noi re, a une lai de pi pe à tê te de mo rue; pa pa l'a vue.

36. *honoré, le neveu de*

37. *la meunière, à la robe*

38. *de laine noire, a une*

39. *laide pipe à tête de*

40. *morue; papa l'a vue.*

CALCUL. — 1er EXERCICE : *Additionnez* les quatre premiers nombres, qu'avez-vous? — 2e EXERCICE : *Otez*-en la *somme* des deux derniers, que *reste*-t-il?

13e LEÇON : APPLICATION

(CAHIER 5. — *Jambages.*)

Oh! la boue noi re! ô te-la de la voie, Ré-né; la bou le d'i voi re tou te neu ve de Made-lei ne rou le. Oh! la voi là au vi eux poteau.

41. *oh! la boue noire! ôte-la*
42. *de la voie, réné; la boule*
43. *d'ivoire toute neuve de*
44. *madeleine roule. oh! la*
45. *voilà au vieux poteau.*

CALCUL. — 1er EXERCICE : *Additionnez* les quatre premiers nombres, quel *total* avez-vous? — 2e EXERCICE : *Otez*-en la *somme* des deux derniers, quel *excès* obtenez-vous?

14e LEÇON : APPLICATION

(CAHIER 3. — *Jambages.*)

Babé a eu de la peine à lire : rideau, domaine, étau, automate, bateau, avoine, niveau, rivaux, étoile, heureux, vœux.

46. *babé a eu de la peine*

47. *à lire : rideau, domaine,*

48. *étau, automate, bateau,*

49. *avoine, niveau, rivaux,*

50. *étoile, heureux, vœux.*

CALCUL. — 1er EXERCICE : *Additionnez* les cinq nombres, que *total* avez-vous ? — 2e EXERCICE : *Otez*-en les trois derniers réunis, que *reste*-t-il ?

15e LEÇON : APPLICATION

(CAHIER 5. — *Jambages.*)

Réné a dit[1] au mieux : une paire de rideaux, de doux tourtereaux, de beaux moineaux, de vieux animaux.

51. *réné a dit au mieux :*

52. *une paire de rideaux,*

53. *de doux tourtereaux,*

54. *de beaux moineaux,*

55. *de vieux animaux.*

(1) Généralement *t*, comme *s* et *x*, à la fin des mots, ne se prononce pas. Devant un mot commençant par une voyelle ou *h* muet, ces consonnes se lient et ne font qu'une avec la première syllabe de ce mot. Nous les présentons ***isolées*** du mot auquel elles appartiennent, afin de fixer l'attention des enfants.

16e LEÇON : PRINCIPES (CAHIER 3. — *Jambages.*)

Observer le système analytique indiqué aux leçons 1, 3 et 7.

	b	**l**	**d**	**p**	**r**
a -	**ab**	**al**	**ad**	**ap**	**ar**
e -	**eb**	**el**	**ed**	**ep**	(1) **er**
i -	**ib**	**il**	**id**	**ip**	**ir**
o -	**ob**	**ol**	**od**	**op**	**or**
u -	**ub**	**ul**	**ud**	**up**	**ur**
	f	**c**	**t**	**s**	**x**
a -	**af**	**ac**	**at**	**as**	**ax**
e -	**ef**	**ec**	**et** (1)	**es**	**ex**
i -	**if**	**ic**	**it**	**is**	**ix**
o -	**of**	**oc**	**ot**	**os**	**ox**
u -	**uf**	**uc**	**ut**	**us**	**ux**

(1) *Er*, *et*, *ez*, à la fin des mots; *et*, *est*, *les*, *des*, *ces*, *mes*, *tes*, *ses*, formant un seul mot, se prononcent le plus souvent comme *è*. L'observer à l'occasion

17e LEÇON : APPLICATION

(CAHIER 3. — *Jambages.*)

Octave, voilà le mois de Mai, le mois des lilas, le mois de Marie; Irma, il nous arrive le beau mois aimé.

51. *octave, voilà le mois*

52. *de mai, le mois des li=*

53. *las, le mois de marie;*

54. *irma, il nous arrive*

55. *le beau mois aimé.*

CALCUL. — 1er EXERCICE : *Additionnez* les cinq nombres, quel *total* avez-vous ? — 2e EXERCICE : Que *reste*-t-il, si vous *ôtez* la *somme* des deux derniers?

18e LEÇON : APPLICATION

(CAHIER 3. — *Jambages.*)

Octave a lu *h*ier une *h*istoire à Irma et à Édouar*d*. Irma a ad-miré Octave; il paraî*t* *h*abile à Édouar*d*.

56. *octave a lu hier une*

57. *histoire à irma et à*

58. *édouard. irma a ad-*

59. *miré octave; il paraît*

60. *habile à édouard.*

CALCUL. — 1er EXERCICE : Quel *total* donne l'*addition* des cinq nombres ? — 2e EXERCICE : Que *reste*-t-il en *retranchant* la *somme* des trois derniers?

19e LEÇON : APPLICATION

(CAHIER 3. — *Jambages.*)

Édouard a voulu lire la même histoire; il l'a lue au mieux, hormis les mots: exténué, hutte, activité, atténué, admis.

61. *édouard a voulu lire*

62. *la même histoire; il l'a*

63. *lue au mieux, hormis*

64. *les mots: exténué, hutte,*

65. *activité, atténué, admis.*

CACLUL. — 1er EXERCICE : Quel *total* donne l'*addition* des cinq nombres? — 2e EXERCICE : *Multipliez* le premier par 2, quel *produit* obtenez-vous? — 3e EXERCICE : *Retranchez*-en le deuxième, que *reste*-t-il?

20e LEÇON : APPLICATION

(CAHIER 3. — *Jambages.*)

Il a eu un peu de peine à dire : arboré, ardu, allumé, advenu, armée, expédié, attelé, urne, altéré, ermite, orné.

66. *il a eu un peu de peine*

67. *à dire : arboré, ardu,*

68. *allumé, advenu, armée,*

69. *expédié, attelé, urne,*

70. *altéré, ermite, orné.*

CALCUL. — 1er EXERCICE : Quel *produit* donne la *multiplicatio* du dernier nombre par 2 ? — 2e EXERCICE : Si de ce *produit*, on *retranche* la *somme* des deux premiers, quel résultat obtient-on ?

21ᵉ LEÇON : APPLICATION

(CAHIER 3. — *Jambages.*)

As-tu admiré Aimé, le nouveau bedeau, orné d'une robe noire neuve et armé d'une badine d'ébène? Irma l'a vu.

71. *as-tu admiré aimé,*

72. *le nouveau bedeau, orné*

73. *d'une robe noire neuve*

74. *et armé d'une badine*

75. *d'ébène! irma l'a vu.*

CALCUL. — *Additionnez* les cinq nombres; *retranchez* du *total* le troisième *multiplié* par 2, qu'avez-vous?

22e LEÇON : APPLICATION

(CAHIER 3. — *Jambages.*)

Père a appelé Édouard et Ismérie. Il a remis à Ismérie une boîte et à Édouard une armure. Irma les a admirées.

76. *père a appelé édouard*

77. *et ismérie. il a remis à*

78. *ismérie une boîte et à*

79. *édouard une armure.*

80. *irma les a admirées.*

CALCUL. — *Retranchez* de la *somme* des cinq nombres, le *produit* du quatrième par 2, que reste-t-il?

23e LEÇON : PRINCIPES

(Cahier 3. — *Jambages.*)

Nous conseillons de ne pas trop insister sur ces leçons de principes, pour ne pas fatiguer l'attention des enfants, mais d'y revenir avant *chaque* leçon d'application. — Ne pas perdre de vue un seul instant qu'il est indispensable de varier le plus possible leur travail; c'est tout le plan de cette méthode.

	ac	ar	al	el	ap
b– (1)	bac	bar	bal	bel	bap
l –	lac	lar	lal	lel	lap
d–	dac	dar	dal	del	dap
t –	tac	tar	tal	tel	tap
r–	rac	rar	ral	rel	rap
m–	mac	mar	mal	mel	map
n–	nac	nar	nal	nel	nap

(1) Faire bien suivre le système analytique des leçons 1, 3, 7 et 15.

23e LEÇON *(suite)*

(Cahier 3. — *Jambages.*)

	er	ir	or	ol	ul
b-	ber	bir	bor	bol	bul
d-	der	dir	dor	dol	dul
m-	mer	mir	mor	mol	mul
v-	ver	vir	vor	vol	vul

	air	eur	aur	oir	our
l-	lair	leur	laur	loir	lour
t-	tair	teur	taur	toir	tour
p-	pair	peur	paur	poir	pour
n-	nair	neur	naur	noir	nour

24e LEÇON : APPLICATION

(CAHIER 3. — *Jambages.*)

Al ber ti ne par ti ra mar di a vec pè re, pour re ve nir sa me di; elle ap por te ra une bel le bal le à Hec tor, une pou pée à Na net te et une bel le ro be de moire pour mè re.

81. *albertine partira mardi*
82. *avec père, pour revenir*
83. *samedi; elle apportera une*
84. *belle balle à hector, une*
85. *poupée à nanette et une belle*
86. *robe de moire pour mère.*

CALCUL. — *Retranchez* de la *somme* des six nombres le *produit* de la *multiplication* du premier par 3.

25e LEÇON : APPLICATION

(CAHIER 3. — *Jambages.*)

Hector a été mordu par ma Lolote hier à midi; Lolote a été battue par père; mais Hector avait battu Lolote avec un marteau, et il ne l'avait pas dit à père.

87. *hector a été mordu par*
88. *ma lolote hier à midi; lolote*
89. *a été battue par père; mais*
90. *hector avait battu lolote*
91. *avec un marteau, et il*
92. *ne l'avait pas dit à père.*

CALCUL. — *Retranchez* de la *somme* des six nombres le *produit* de la *multiplication* du deuxième par 3.

26e LEÇON : APPLICATION

(Cahier 3. — *Jambages.*)

Pau li ne a mal à la tê te, elle es*t* au lit; la pe ti te vi lai ne a dé vo ré une é nor me tar ti ne de beur re à l'*h*eu re du dî ner, tar ti ne des ti né*e* à Paul; mai*s* elle n'a pa*s* vou lu l'a vou er.

93. *pauline a mal à la tête,*
94. *elle est au lit; la petite vilaine*
95. *a dévoré une énorme tartine*
96. *de beurre à l'heure du dîner,*
97. *tartine destinée à paul; mais*
98. *elle n'a pas voulu l'avouer.*

CALCUL. — *Retranchez* de la *somme* des six nombres le *produit* du premier par 4.

27e LEÇON : APPLICATION

(CAHIER 3. — *Jambages.*)

**Pau li ne ne peu*t* pas dor-
mir; elle ai me la pâ te pec to-
ra le, Ma de lei ne es *t* al lé*e* lui
por ter de la pâ te pec to ra le.
Ne va lai *t*-il pa*s* mi eu*x* pour
Pau li ne res pi rer l'air pur?**

99. *pauline ne peut pas dor-*
100. *mir; elle aime la pâte pecto-*
101. *rale, madeleine est allée lui*
102. *porter de la pâte pectorale.*
103. *ne valait-il pas mieux pour*
104. *pauline respirer l'air pur!*

CALCUL. — *Retranchez* de 3 fois la *somme* des six nombres le *produit* du premier par 4 ajouté au *produit* du deuxième par 5.

28e LEÇON : APPLICATION

(CAHIER 3. — *Jambages.*)

Mar tel ne va pas tar der à ve nir pour la lec tu re du de voir de Paul. Paul a ap por té une ar deur tou te nou vel le à re voir la par tie mal é tu di ée hi er. Paul n'a pas peur de Martel.

105. *martel ne va pas tarder à*
106. *venir pour la lecture du devoir*
107. *de paul. paul a apporté une*
108. *ardeur toute nouvelle à revoir*
109. *la partie mal étudiée hier.*
110. *paul n'a pas peur de martel.*

CALCUL. — *Retranchez* de 3 fois la *somme* des six nombres le *produit* de la *multiplication* du premier par 4 et du deuxième par 5.

29e LEÇON : APPLICATION

(CAHIER 3. — *Jambages*.)

Réné, le petit ramoneur noir, a eu le pied tordu; il est malade; Victor l'a été voir; il ne murmure pas; le docteur n'a pas tardé à venir; il est resté une heure. Réné ira-t-il mieux?

111. *réné, le petit ramoneur*

112. *noir, a eu le pied tordu; il est*

113. *malade; victor l'a été voir; il*

114. *ne murmure pas; le docteur n'a*

115. *pas tardé à venir; il est resté*

116. *une heure. réné ira-t-il mieux?*

CALCUL. — *Retranchez* de 4 fois la *somme* des six nombres, le *produit* du premier par 5 et de la moitié du deuxième par 6.

30° LEÇON : APPLICATION

(CAHIER 3. — *Jambages.*)

Di eu le pè re de tous les mor tels, *h*eu reu *x* ou mal *h*eu-reu*x*, voi là l'es poir de Ré né. Ré né a une mè re ma la de, il l'ai me et ra mo ne pour elle. La voi*x* de Ré né ar ri ve ra à Di eu.

117. *dieu le père de tous les*

118. *mortels, heureux ou malheu-*

119. *reux, voilà l'espoir de réné*

120. *réné a une mère malade, il*

121. *l'aime et ramone pour elle.*

122. *la voix de réné arrivera à dieu.*

CALCUL. — *Retranchez* de 4 fois la *somme* des six nombres, le *produit* de la moitié du deuxième par 5 et de la moitié du quatrième par 6

31e LEÇON : APPLICATION

(CAHIER 3. — *Jambages.*)

Vou loi r, pou voir, ver dir, res-ter, boi re, mau di re, ra vi ver, mou rir, nour rir, a lour dir, mur mu rer, trai re, a ver tir, *h*u mec ter, la bou rer, par ler : voi là des mo*ts* ap pe lés ver be*s*.

123. *vouloir, pouvoir, verdir, res-*

124. *ter, boire, maudire, raviver,*

125. *mourir, nourrir, alourdir,*

126. *murmurer, traire, avertir,*

127. *humecter, labourer, parler :*

128. *voilà des mots appelés verbes.*

CALCUL. — *Retranchez* de 4 fois la *somme* des six nombres, le *produit* de la moitié du deuxième par 6 et de la moitié du quatrième par 7.

32e LEÇON : APPLICATION

(CAHIER 3. — *Jambages.*)

**Vic tor li *t* au mi eu*x* les mo*ts*:
mor tel, la bour, la bou reur,
la beur, lour deur, vic toi re,
ter reur, lai deur, nour ri tu re,
ar deur, a mour, a mer tu me,
va leur, dor toir, lar doir, Lau re.**

129. *victor lit au mieux les mots :*
130. *mortel, labour, laboureur,*
131. *labeur, lourdeur, victoire,*
132. *terreur, laideur, nourriture,*
133. *ardeur, amour, amertume,*
134. *valeur, dortoir, lardoir, laure*

CALCUL. — De 4 fois la *somme* des six nombres, *ôtez* le *produit* de la moitié du deuxième par 6 et de la moitié du sixième par 7.

LETTRES MAJUSCULES ANGLAISES

Nous donnons ici ces lettres afin que l'élève, s'exerçant en même temps à les imiter, d'après les modèles de son cahier (4e de notre *Méthode d'écriture*), puisse, à l'avenir, les employer dans les exercices écrits de ce petit livre.

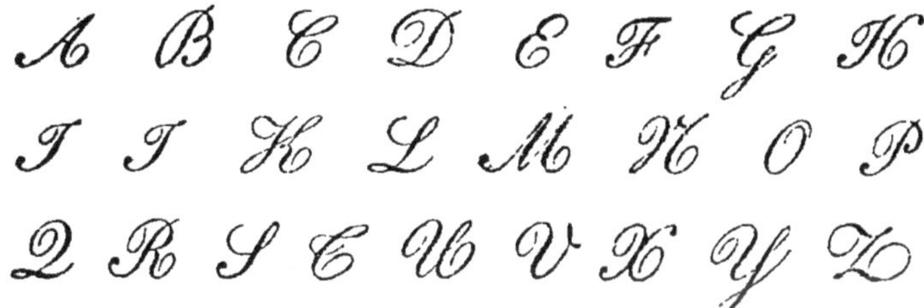

33e LEÇON : APPLICATION

(Cahier 4. — *Majuscules.*)

A mour, Beau té, Dou leur,
Lec teur, Mar mi te, Oc ta ve,
Per te, Ré vol te, Ter roir, Vue.

Amour, Beauté, Douleur,
Lecteur, Marmite, Octave,
Perte, Révolte, Terroir, Vue.

Nous cessons ici d'indiquer les numéros des cahiers d'écriture à faire suivre simultanément avec nos leçons; le Maitre en fera lui-même la désignation selon la force des élèves. Il fera de même par rapport aux petits exercices de calcul.

34e LEÇON : PRINCIPES

Sons équivalents

ca [*]	= *ca* ro li ne.	**ça** [2]	= me na *ça*.	**za**	= a *za* ël.
ka	= *ka* by le.	**sa**	= *sa* me di.	**sa** [4]	= a mu *sa*.
qua [1]	= *qua* li té.	**ce**	= co mi *ce*.	**ze**	= sei *ze*.
ke	= du co *ke*.	**se**	= *se* mou le.	**se**	= ce ri *se*.
que	= un cas *que*.	**cé**	= *cé* ci té.	**zé**	= *zé* lé.
ké	= *ké* pi.	**sé**	= *sé* ré na de.	**sé**	= ai *sé*.
quê	= ma re *quê* te	**ci**	= cé *ci* le.	**zi**	= *zi* za nie.
ki	= un *ki* os que	**si**	= la *si* cile.	**si**	= sai *si*.
qui	= *qui* vi ve?	**ti** [3]	= na *ti* o nal.		
		ço	= a *ço* res.	**zo**	= a *zo* te.
		so	= *so* ci é té.	**so**	= dé *so* lé.
co	= *co* mi que.	**çu**	= a per *çu*.	**zu**	= a *zu* ré.
ko	= *quo* ti di en.	**su**	= il *su* ço te.	**su**	= me *su* ré.

(1) Observez que *q* est toujours suivi de *u*, excepté à la fin des mots, et presque toujours a le son de *k*. — (2) *c* se prononce *s* devant *e*, *i*, *y*; il prend la cédille pour avoir même prononciation devant *a*, *o*, *u*.—(3) Ordinairement *t*, entre deux voyelles, se prononce *c*. — (4) *s*, entre deux voyelles, prend le son de *z*.

* Expliquer la signification du signe =.

35ᵉ LEÇON : PRINCIPES

Sons équivalents et sons propres

Sons équivalents

	F = PH	**R = RH**
ja = *ja* mais.	**fa** = *fa* ci li té.	**ra** = il se *ra* se.
gea(1) = il na *gea*.	**pha** = *pha* ra on.	**rha** = sa *rha*.
je = *je* t'ai me.	**fe** = ce la se *fe* ra	**rê** = *rê* ve rie.
ge = u sa *ge*.	**phe** = phi lo so *phe*	**rhé** = *rhé* teur.
jé = *jé* ré mie.	**fé** = ca *fé* mo ka.	**ru** = une *ru* se.
gé = il a na *gé*.	**phé** = é *phé* mè re.	**rhu** = un *rhu* me.
ji = *j'i* rai.	**fi** = *fi* dé li té.	**th = t**
gi = au *gî* te.	**phi** = *phi* lo mè ne	**té** = fé li ci *té*.
jo = *jo* vial.	**phy** = *phy* si ci en.	**thé** = *thé* o phi le.
geo = *geô* li er.	**fo** = sa *fo* lie.	**to** = sa *to* pa ze.
ju = un *ju* ge.	**pho** = un *pho* que.	**tho** = li *tho* pha ne
geu = ver *geu* re		

Sons propres

ga = *ga* ze | **go** = *go* be | **gu** = ai *gu* | **gou** = *goû* te | **gue** = fi*gue*

(1) Observer que *g* suivi de *e*, devant les voyelles *a*, *o*, *u*, a le son de *j*. Il a le même son quand il est immédiatement suivi de *e*, *i*, *y*.

36° LEÇON : PRINCIPES

Sons propres

am[1], **an :** *am* nis tie, *an* na - **im, in :** *im* mo ler, *in* no ver

Sons équivalents

am, an[2] **:** *am* pu té, *an* go ra - **em, en**[3] **:** *em* por ter, *en* du rer
im, in : *im* pôt, *in* jus te - **ain, ein :** *ain* si, *pein* tu re
om, on : *om* bel le, *on* ze.

	am, an	**em, en**	**im, in, ain, ein**	**om, on**
b -	bam	bem	bain	bom
d -	dan	den	dein	don
l -	lam	lem	lain	lom
p -	pan	pen	pein	pon

Observer que (1) *am, an, im, in* ne conservent ordinairement leurs sons propres, qu'autant que la syllabe qui les suit commence par *m* ou *n*.—(2) *An, en, on, in,* changent

36e LEÇON (*suite*)

r -	ram	rem	rim	ron
t -	tan	ten	tin	tom
m -	man	mem	main	mon
n -	nam	nem	neim	nom
v -	vam	ven	vin	vom
s -	san	sem	sim	som
c -	cam	cen	ceim	con
f -	fan	fen	fein	fon
g -	gan	gem	gim	gom
j -	jam	jen	jeim	jon

n en *m* devant *b* et *p*. = (3) *En* a le son de *an* seulement quand il n'est pas suivi de *n* (*ennui* excepté) ou qu'il n'est pas à la fin d'un mot, car alors il se prononce *in*; exemple : *rien*, *bien*, etc.

37e LEÇON : APPLICATION

Re mer ciez Di eu, jeu ne*s* en fan*ts*; voi là dé jà bi en des dif fi cul té*s* de lec tu re vain cu*es*; c'es*t* a vec son ai de qu'el le*s* l'on*t* é té. Ce n'es*t* pa*s* tou*t* : il vou*s* en res te en co re b*e*au-cou*p* à sur mon ter; vou*s* ne pou vez ri en san*s* lui; de man dez lui qu'il vou*s* ren de en co re vic to ri eu*x*, et il vou*s* ex au ce ra, n'en dou tez pa*s*.

Remerciez Dieu, jeunes enfants; voilà déjà bien des difficultés de lecture vaincues; c'est avec son aide qu'elles l'ont été. Ce n'est pas tout : il vous en reste encore beau-coup à surmonter; vous ne pouvez rien sans lui; demandez lui qu'il vous rende encore victorieux et il vous exaucera, n'en doutez pas.

38e LEÇON : APPLICATION

C'est aujourd'hui jour de composition. A onze heures, commencera la répétition de la leçon qu'on aura lue le matin même. Nous sommes seize à composer. Je veux me distinguer, cette fois; si je suis nommé le cinquième, je serai assez content. Dans un mois, ce sera composition en histoire sainte.

C'est aujourd'hui jour de composition. A onze heures, commencera la répétition de la leçon qu'on aura lue le matin même. Nous sommes seize à composer. Je veux me distinguer, cette fois; si je suis nommé le cinquième, je serai assez content. Dans un mois, ce sera composition en histoire sainte.

39e LEÇON : APPLICATION

Mon enfant, retenez bien ceci : ce qui est défendu, c'est le mal ; ce qui est permis et commandé, c'est le bien. Évitez le mal et faites le bien. En agissant ainsi, votre conduite sera excellente ; elle sera celle d'un enfant docile et sage qui veut faire la joie de ses parents et l'ornement de la société.

Mon enfant, retenez bien ceci : ce qui est défendu, c'est le mal ; ce qui est permis et commandé, c'est le bien. Evitez le mal et faites le bien. En agissant ainsi, votre conduite sera excellente ; elle sera celle d'un enfant docile et sage qui veut faire la joie de ses parents et l'ornement de la société.

40e LEÇON : APPLICATION

Zul ma a un r*h*u me bi en te na ce. Quan*d* se ra-*t*-elle gué ri*e*? Quan*d* Zul ma fe ra tou*t* ce qu'il fau*t* pour ce la : quan *d* elle é cou te ra son ex cel len te ma man ; quan *d* elle sau ra ac cep ter de bon cœur et boi re cou-ra geu se men*t* les ti sa ne*s* or don né*es* par le doc teur, quel le qu'en soi*t* l'a-mer tu me ; qu'elle en soi*t* con vain cu*e*.

Zulma a un rhume bien tenace. Quand sera-t-elle guérie? Quand Zulma fera tout ce qu'il faut pour cela : quand elle écoutera son excellente maman; quand elle saura accepter de bon cœur et boire courageusement les tisanes ordonnées par le docteur, quelle qu'en soit l'amertume; qu'elle en soit convaincuë.

41e LEÇON : APPLICATION

Or ne ton âme de qua li té*s* so li de*s*, mon en fan*t*, car elle es*t* im mor tel le. Soi*s* san *s* in dé ci si on, quan *d* il s'a gi ra d'im mo ler tes vi lain*s* dé fau*ts*, tes goû*ts* mau vai*s* sur l'au tel de la ver tu. Ce sera dan *s* un mon de in con nu jus qu'i ci, mai *s* où Di eu nou*s* con vi*e* tou*s* les jour*s*, que nou *s* au ron*s* la ré com pen se ré ser vé*e* à ceux qui au ron*t* bien vé cu.

Orne ton âme de qualités solides, mon enfant, car elle est immortelle. Sois sans indécision, quand il s'agira d'immoler tes vilains défauts, tes goûts mauvais sur l'autel de la vertu. Ce sera dans un monde inconnu jusqu'ici, mais où Dieu nous convie tous les jours, que nous aurons la récompense réservée à ceux qui auront bien vécu.

42e LEÇON : APPLICATION

Théophile est un petit curieux. Sa maman avait demandé un bain. Théophile a suivi le garçon; puis, en son absence, a tourné le robinet : l'eau a coulé avec abondance; il a eu peur, s'est enfui, est tombé, et peu s'en est fallu que le bambin ne se fendît la tête. Cela le corrigera, je pense. C'est si vilain la curiosité!

Théophile est un petit curieux. Sa maman avait demandé un bain. Théophile a suivi le garçon; puis, en son absence, a tourné le robinet : l'eau a coulé avec abondance; il a eu peur, s'est enfui, est tombé, et peu s'en est fallu que le bambin ne se fendît la tête. Cela le corrigera, je pense. C'est si vilain la curiosité!

43e LEÇON : APPLICATION

T*h*é o phi le a bi en mal à la tê te ce ma tin; il se re pen*t* bi en au jour-d'*h*ui de sa cu ri o si té d'*h*i er; et, quoi-qu'il en ai*t* é té quit te à bon com*p* te, pour une bos se, é nor me il fau*t* le di re, ce pen dan*t* il ne re-com men ce ra pas de si tô*t*, j'en ré-pon*ds*, à se lais ser al ler à la dé so-bé is san ce et à la cu ri o si té.

Théophile a bien mal à la tête ce matin; il se repent bien aujour-d'hui de sa curiosité d'hier; et, quoi-qu'il en ait été quitte à bon compte, pour une bosse, énorme il faut le dire, cependant il ne re-commencera pas de sitôt, j'en ré-ponds, à se laisser aller à la déso-béissance et à la curiosité.

44° LEÇON : APPLICATION

Les mau vai se*s* ac ti on*s* son*t* sou ven*t* sui vi*es* im mé di a te men*t* de leur pu ni-ti on. Ain si, Gus ta ve a é té im po li et en tê té; puis, il a, a vec Lu ci en, a ga cé le do gue du gar de T*h*é o do re : cet a ni mal s'es*t* fa ti gué et les a mor du*s* tou*s* deu*x*. — Zi zi ne, Sa r*h*a, Fé lix et Vic tor on*t* tour-à-tour fu mé un ci ga re : il*s* on*t* été ma la de*s*.

Les mauvaises actions sont souvent suivies immédiatement de leur punition. Ainsi, Gustave a été impoli et entêté; puis, il a, avec Lucien, agacé le dogue du garde Théodore : cet animal s'est fatigué et les a mordus tous deux. — Zizine, Sarha, Félix et Victor ont tour-à-tour fumé un cigare : ils ont été malades.

45ᵉ LEÇON : APPLICATION

Les ré com pen se*s* sui ven*t* les bon-ne*s* ac ti on*s*. Ain si, *H*en ri et te a vi si té la dé lais sé*e* Ma de lon, dan*s* sa ca ba ne, et lui a por té du pain, du vin, du t*h*é d'ex cel len te qua li té et de l'ar gen*t*; elle lui a fai*t* don ner, de l'u si ne à gaz, du co ke pour l'*h*i ver. Eh bi en! *H*en ri et te, ce jour là mê me, a re çu de son par rain un su per be ca deau.

Les récompenses suivent les bonnes actions. Ainsi, Henriette a visité la délaissée Madelon, dans sa cabane, et lui a porté du pain, du vin, du thé d'excellente qualité et de l'argent; elle lui a fait donner, de l'usine à gaz, du coke pour l'hiver. Eh bien! Henriette, ce jour là même, a reçu de son parrain un superbe cadeau.

46e LEÇON : APPLICATION

Lun di et mar di, j'ai é té voir ma tan te et mon par rain, à Pan tin. J'y sui*s* res té, et, le len de main, Jé-rô me, Ja no*t*, Jean, Phi lip pe et Syl vain son*t* ve nu*s* jou er a vec moi; il*s* on*t* ap por té leur singe; la pin*s*, pou le*s* et din don*s* en on*t* eu peur et se son*t* sau vé*es* dan*s* le jar din; ma tan te é tai*t* mé con ten te.

Lundi et mardi, j'ai été voir ma tante et mon parrain, à Pantin. J'y suis resté, et, le lendemain, Jérôme, Janot, Jean, Philippe et Silvain sont venus jouer avec moi; ils ont apporté leur singe; lapins, poules et dindons en ont eu peur et se sont sauvés dans le jardin; ma tante était mécontente.

47ᵉ LEÇON : APPLICATION

Phi lo mè ne a si*x* an*s*; sa *s*a ges se é ga le sa dou ceur ; in tel li gen te et at ten ti ve, el le ne per*d* pa*s* un mo*t* des le çon*s* qu'on lui don ne et don *t* el le es*t* bi en re con nais san te. Sa pe ti te fi gu re ou ver te in di que com bien el le dé si re sa voir ; aus si se ra - *t* - elle bi en tô *t* une pe ti te sa-van te, ai mé*e* de tou*t* le mon de.

Philomène a six ans; sa sagesse égale sa douceur; intelligente et attentive, elle ne perd pas un mot des leçons qu'on lui donne et dont elle est bien reconnaissante. Sa petite figure ouverte indique combien elle désire savoir; aussi sera-t-elle bientôt une petite sa-vante, aimée de tout le monde.

48e LEÇON : APPLICATION

Pen sez sou ven*t* à Dieu, mon bon pe ti*t* en fan*t*. Il veu*t*, vous le sa-vez, que, ma tin et soir, nou*s* nou*s* met ti on*s* pi eu se men*t* à ge nou*x*, pour lui ex po ser les be soin*s* de no*s* â me*s*. N'y man quez ja mai*s*, mon en fan*t*; vos vœu*x* mon te ron*t* au Ci el et ar ri ve ron*t* jus qu'à lui. Il les ex au ce ra, n'en dou tez pas.

Pensez souvent à Dieu, mon bon petit enfant. Il veut, vous le sa-vez, que, matin et soir, nous nous mettions pieusement à genoux, pour lui exposer les besoins de nos âmes. N'y manquez jamais, mon enfant; vos vœux monteront au Ciel et arriveront jusqu'à lui. Il les exaucera, n'en doutez pas.

49ᵉ LEÇON : APPLICATION

Voyelles précédées d'une consonne double et formant syllabe.

bla	ble	blé	bli	blo	blu
cla	cle	clé	cli	clo	clu
fla	fle	flé	fli	flo	flu
gla	gle	glé	gli	glo	glu
pla	ple	plé	pli	plo	plu
bra	bre	bré	bri	bro	bru
cra	cre	cré	cri	cro	cru
dra	dre	dré	dri	dro	dru
fra	fre	fré	fri	fro	fru
gra	gre	gré	gri	gro	gru
pra	pre	pré	pri	pro	pru
tra	tre	tré	tri	tro	tru
vra	vre	vré	vri	vro	vru

50e LEÇON : APPLICATION

A mes petits Lecteurs et à mes petites Lectrices.

Dans les pa ge*s* qui von*t* sui vre, vou*s* trou ve rez, me*s* peti *ts* a mi*s*, une pa ge im pri mé*e* en ca rac tè re*s* ty po gra phi que *s* or di nai re*s*, com me celle-ci, al ter nan *t* a vec une au tre pa ge d'an glai se ty po gra phi que, c'es*t*-à-dire d'é cri tu re.

Vou*s* de vrez, sur l'a vis de vo*s* maî tre *s* ou de vo*s* maî tres se*s*, vou *s* ex er cer à trans for mer la pre mi è re, a prè*s* l'a voir bi en lu*e*, en vo tre plu*s* bel le é cri tu re, en ré u nis san*t* les syl la be*s*, pour que les mot*s* soi*ent* bi en dis tinct*s* les un*s* des au tre*s*.

Com me on vou*s* trou ve ra dé jà ca pa ble*s*, quan*d* cet te trans for ma ti on au ra é té *h*eu reu se men *t* ac com pli*e* !

51e LEÇON : APPLICATION

A mes petits Lecteurs et à mes petites Lectrices (*suite.*)

Et, à quoi vou*s* ser vi ron*t* les pa ge*s* im pri mé*es* en ca rac tè re*s* d'é cri tu re? D'a bor*d*, el le*s* vou*s* ren dron*t* plu*s* fa ci le la tran si ti on de la lec tu re des mo*ts* à syl la be*s* sé pa ré*es* de ce pe ti*t* ou vra ge, à la lec tu re des mo*ts* à syl la be*s* ré u ni*es* de sa se con de par ti*e* : LECTURE ET COPIE *ou Préparation à l'orthographe d'usage et à la Lecture des manuscrits.*

Pui*s*, el le*s* vou*s* ex er ce ron*t* dé jà au*x* lec tu re*s* ma nus cri te*s*. En sui te, el le*s* vou*s* fe ron*t* d'ex cel len*ts* mo dèle*s* de co pi*e*, et la co pi*e* vou*s* fe ra re te nir plu*s* facile men*t* l'orthographe des mo*ts*.

Quel le joi*e*, quan*d* la pa ge de votre ca*h*ier se ra pres qu'aus si bi en é cri te que cel le de vo tre li vre !

52e LEÇON : APPLICATION

A mes petits Lecteurs et à mes petites Lectrices (*Suite.*)

Il y a encore un exercice, mes amis, qui vous fera une excellente préparation à l'orthographe.

J'en fais mention en tête de LECTURE ET COPIE, *ouvrage qui vous est encore destiné, par ce qu'il est la suite obligée de celui-ci*

Vos maîtres et vos maîtresses, qui ne le font pas déjà pratiquer, me sauront gré, j'en suis sûr, de vous l'indiquer ici.

Vos maîtres et vos maîtresses !

Combien vous devez leur être reconnaissants et les aimer, pour toutes les peines qu'ils prennent, afin de vous aplanir les difficultés que rencontre toujours celui qui veut apprendre.

53e LEÇON : APPLICATION

A mes petits Lecteurs et à mes petites Lectrices (*suite.*)

Vou*s* ête*s* im pa ti en*ts*, n'es*t* - ce pa*s*, mes pe ti*ts* lec teur*s* bi en-ai mé*s*, de sa voir en quoi con sis te l'ex er ci ce que je vou*s* an non ce dan*s* la le çon précédente?

Il es*t* bi en sim ple.

Le voi ci :

Vou*s* li rez bien at ten ti ve men*t* vo- tre le çon, à com men cer par cel - le - ci.

Vou*s* la li rez plu si eur*s* foi*s*, et à des mo men*ts* dif fé ren*ts;*

Et, quan*d* vo*s* maî tre*s* ou vo*s* maî- tres se*s* ju ge ron*t* que vou*s* la li sez de fa çon à mé ri ter des é lo ge*s*, eu*x*, ou les mo ni teur*s* nom mé*s* par eu*x,* vou*s* la fe ron*t* écrire, très-dou ce men*t*, à la dic té*e*.

54e LEÇON : APPLICATION

A mes petits Lecteurs et à mes petites Lectrices (*fin.*)

Écrire à la dictée!

Oui, mes petits amis.

Et, après que vous l'aurez fait, comme il est dit à la leçon précédente, vous épellerez, suivant le mode qu'emploient vos excellents maîtres, ce qu'on vous aura fait écrire.

Alors vous corrigerez vos fautes; après quoi, vous transcrirez proprement la leçon corrigée.

Et je vous promets qu'en suivant toujours ce procédé si simple, vous ne tarderez pas bien longtemps à être capables d'écrire, presque sans faute, l'orthographe d'usage.

Ainsi donc, lecture et copie, lecture et dictée : voilà le secret des progrès qu'on est en droit d'attendre de vous.

55e LEÇON : APPLICATION

Dieu nous voit

Cy pri en re ve nai*t* d'u ne lon gue pro me na de a vec son pè re.

Cy pri en é tai*t* bi en fa ti gué; il se traî nai*t* en quel que sor te sus pen du au bra*s* de son pa pa; *s*es pe ti te*s* jam be*s* a vaie*nt* pei ne à le sou te nir.

Il*s* al laie*nt* en si len ce, lon g*e*an*t* a lor*s* la *h*aie d'un b*e*au jar din.

— « Pè re, j'ai bi en soif, » di*t* Cy pri en.

— « Pren*ds* pa ti en ce, mon pe ti*t* Cy pri en, lui ré pon di*t* son pa pa; nou*s* som me*s* prè*s* de la mai son, nou*s* ne tar de ron*s* pa*s* à ê tre au prè*s* de ta ma man. »

— « Oh! les jo li*es* poi res! s'é cri a tou*t*-à-cou*p* Cy pri en. A vec quel plai sir, j'en man ge rai*s* u ne! »

— « Je le crois sans pei ne; mais cet ar bre es*t* dan*s* un jar din fer mé de tou te*s* par*ts* et l'on n'y peu*t* pé né trer.

56e LEÇON : APPLICATION

Dieu nous voit (*suite.*)

— « *La haie n'est pas très-épaisse, reprit Cyprien, & voici justement un trou. Je ne suis pas gros, je n'aurais pas de peine à pénétrer par là.* »

— « *C'est vrai; mais que dirait le maître du jardin, s'il se trouvait là à ta rencontre?* »

« *Il n'y est pas assurément, & je suis très-certain qu'il n'y a personne.* »

— « *Tu te trompes, mon enfant; il y a quelqu'un qui nous voit & qui nous punirait avec justice, parcequ'il y aurait du mal à faire ce que tu me proposes.* »

— « *Et qui serait-ce donc, père?* »

— « *Celui qui est présent partout, qui ne nous perd jamais de vue & qui pénètre jusqu'au plus profond de nos pensées :* **DIEU** ! »

57e LEÇON : APPLICATION

Dieu nous voit (*fin.*)

Au mê me ins tant, se lè ve, der riè re la haie, le pro pri é tai re du jar din, que Cy pri en ni son pè re n'a vait a per çu é ten du sur un banc de ga zon.

— « Sans ton pè re, dit-il à l'en fant, tu te se rais glis sé dans mon jar din, pour y pren dre ce qui ne t'ap par ti ent pas. Re mer cie Di eu de n'en a voir ri en fait : au pi ed de ces ar bres, on a ten du des piè ges pour pren dre les vo leurs ; tu t'y se rais bles sé et tu au rai s é té boi teux pour tou jours. Mais, puis qu'un mot de ton pè re t'a fait re non cer au lar cin que tu pro je tais, je vais te don ner a vec plai sir ces fruits que tu au rais pri s à ton grand dé tri ment. »

A lors, se di ri geant vers le plus beau poi ri er, il se cou a l'ar bre et em plit la blou se de Cy pri en de ses plus jo lies poi res.

58e LEÇON : APPLICATION

Frédéric

Frédéric avait huit ans.

Clotilde, sa petite sœur, était à peine entrée dans sa sixième année.

Clotilde aimait son frère plus que tout au monde; mais Frédéric, toutes les fois que l'occasion s'en présentait, ne manquait pas de lui prouver qu'il n'avait pas pour elle une affection aussi grande.

C'est que Frédéric avait un grand défaut : il voulait être le maître partout & toujours.

Clotilde était obligée de se prêter à ses moindres caprices ; &, pour peu qu'il trouvât d'obstacles à ce qu'il avait projeté de faire, il devenait blême, entrait dans une grande colère & brisait tout ce qu'il trouvait à la portée de sa main.

59e LEÇON : APPLICATION

Frédéric (*suite.*)

Un jour Fré dé ric et Clo til de jou-aient ensem ble à la bal le dans un grand ver ger qui était la pro pri é té de leurs pa rents.

Une pe ti te haie en fer mait ce ver-ger et le met tait à l'a bri des dé vas-ta ti ons qu'au raient pu y com met tre les en fants mal é le vés du voi si na ge.

Cet te haie était dé fen due tout au-tour par un fos sé peu pro fond, mais trop lar ge pour qu'il pût pren dre fan-tai sie aux pe tits va ga bonds de le tra ver ser.

La por te qui don nait en trée dans le ver ger, é tait, ce jour-là, tou te gran-de ou ver te.

Il fal lait tra ver ser une es pè ce de pont de bois, je té sur le fos sé, pour y ar ri ver.

60e LEÇON : APPLICATION

Frédéric (*suite.*)

Frédéric était donc à jouer à la balle dans le grand verger, avec la bonne petite Clotilde, si douce, si docile.

Frédéric lançait la balle de toutes ses forces & Clotilde, la recevant sur une raquette, devait lui faire reprendre la route par laquelle elle était venue.

Or, Frédéric lançait souvent la balle si loin, si loin que les petites jambes de la pauvre Clotilde ne lui permettaient guère de l'atteindre.

Alors Frédéric s'impatientait; il criait après Clotilde, frappait du pied & trouvait que sa sœur était une petite maladroite, avec qui il n'y avait pas le moindre plaisir à jouer.

Il alla même jusqu'à frapper la pauvre enfant, qui se prit à pleurer.

61e LEÇON : APPLICATION

Frédéric (*suite.*)

A lors Fré dé ric, lui ti rant bru talement la ra quet te des mains, se mi t à lan cer si ma la droi te ment la bal le, qu'el le al la tom ber, par des sus la haie, sur la rou te.

Sur le pe tit pont de bois, à la por te d'en trée du ver ger, se trou vai t un pe tit gar çon qui a vai t é té té moin de la bru ta li té de Fré dé ric en vers la pe ti te Clo dil de.

S'a dres san t à ce pe tit gar çon, Frédé ric lui cri a d'un ton hau tain :

« Ren voie-moi donc la bal le? »

Le pe tit gar çon ne bou gea pas.

« Ren voie-moi donc la bal le! » reprit Fré dé ric d'un ton plu s im pé rieu x.

Pour tou te ré pon se, le pe tit gar çon haus se les é pau le s et s'ap prê te à quit ter la pla ce.

62ᵉ LEÇON : APPLICATION

Frédéric (*fin.*)

Furieux qu'on reste sourd à ses ordres, Frédéric court après le petit garçon pour le frapper; mais il glisse sur le pont humide, & va rouler dans le fossé bourbeux.

Plus Frédéric fait d'efforts pour se tirer de là, plus il s'enfonce; &, sans le petit garçon qu'il voulait maltraiter, on ne sait que trop le malheur qu'on pouvait avoir à déplorer.

Inutile de vous dire le triste état dans lequel se trouvait Frédéric, quand il se présenta devant son père & sa mère.

En leur apprenant la cause de son aventure, Frédéric était rempli de honte, honte qui lui fut salutaire, car il prit dès lors une résolution qu'il a tenue depuis: celle de maîtriser son caractère & de ne plus jamais se mettre en colère.

NOUVELLE

MÉTHODE PROGRESSIVE D'ÉCRITURE

DITE

LA GRAMMAIRE PAR L'ÉCRITURE

PAR C. MARLIER

Revue, corrigée et augmentée

PAR M. SARAZIN

Inspecteur général des Écoles communales du département de la Seine, etc.

HONORÉE D'UNE MÉDAILLE D'OR

Par la Société des Sciences industrielles, Arts, Belles-Lettres, et d'une mention honorable à l'Exposition universelle de 1867.

APPROUVÉE PAR MGR L'ARCHEVÊQUE DE PARIS

Recommandée par la Société des Instituteurs et Institutrices de la Seine.

La Méthode renferme 10 cahiers de 22 pages d'écriture, à 10 centimes l'un. Prix du cent, 7 francs.

On expédie *franco* par la poste chaque ouvrage demandé par *lettre affranchie* et renfermant sa valeur en timbres-poste de 20 centimes.

Cambrai, — Typ. L. Carion, rue de Noyon, 9.

www.ingramcontent.com/pod-product-compliance
Ingram Content Group UK Ltd.
Pitfield, Milton Keynes, MK11 3LW, UK
UKHW012250240726
13966UKWH00004B/1373